Das große Cocktail Buch

Klassische und Moderne Cocktail Rezepte für jeden Anlass inkl. Vodka, Whiskey, Gin u.v.m.

Henry McGilmann

ISBN – 9798666462300

INHALTSVERZEICHNIS

EINLEITUNG

Cocktails sind das Highlight auf jeder Party und der, der sie liefern kann, ein Held. Mit diesem Buch kannst du der Held sein. Mach deine Party zu einem gelungenen Ereignis, indem du die unterschiedlichsten Cocktails anbietest.

Es gibt viele Variationen, Geschmäcker und viele Stärken. Die Bandbreite reicht von sehr soft bis richtig hart. Such dir aus, was zu deinen Gästen passt und biete ihnen, was sie brauchen. Dabei kannst du von verschiedenen Grundlagen ausgehen. In diesem Buch sind dies Wodka, Rum, Gin, Whiskey bzw. Whisky und Tequila.

Der Aufwand ist weit geringer, als du das jetzt befürchtest. Hab nur ein paar Dinge vorrätig und schon kann die Party und deine Show als Barkeeper beginnen. Damit geht es bald hoch her.

SO WIRST DU ZU EINEM GUTEN BARKEEPER

Wenn du noch nie einen Cocktail gemixt hast, stehst du nun vielleicht vor dem Buch und fragst dich, wie das Ganze überhaupt geschehen soll. Die Zutaten machen ja noch Sinn, doch die Maße und Anweisungen vielleicht nicht mehr so sehr. Das Ganze ist jedoch weit weniger schwer, als du es dir vorstellen kannst.

Deine ersten Schritte

So beginnst du als Baarmixer bzw. Baarkeeper:

1. Such dir ein Rezept, dass relativ einfach ist, aber all das enthält, was du magst.
2. Check, dass du das benötigte Zubehör bereitliegen hast.
3. Sorg für genügend Eiswürfel, denn die brauchst du für fast jeden einzelnen Cocktail.

Wenn alles bereit ist, dann leg einfach los. Die Übung macht den Meister, doch Übung kommt nicht vom Nachdenken oder abwarten. Sie kommt vom Machen, also mixe und mixe und mixe noch mehr.

Dein Zubehör

Du brauchst einen Shaker. Ohne wird es auf keinen Fall etwas mit den Cocktails. Du brauchst mindestens ein Rührglas. Dazu kommen noch einige weitere Glastypen, die du je nach Coctail benötigst. Diese sind:

- Cocktail Glas

- Longdrink Glas
- Tumbler Glas
- Ballonglas
- Whiskey oder Whisky Glas

Als Letztes brauchst du noch einen Messbecher, um die Zutaten schnell in der richtigen Menge in das jeweilige Trinkglas oder den Shaker abzumessen.

Damit das Ganze so richtig gut wirst, solltest du auch noch über eine Zitruspresse verfügen. Es werden verschiedene Säfte benötigt und ihr Geschmack ist einfach viel besser, wenn sie frisch gepresst sind.

Es gibt noch eine Reihe weiteres Zubehör, wenn du dich ernsthaft, also nicht nur vorübergehend, mit dem Mixen von Cocktails beschäftigen möchtest. Dazu gehören:

- Ein Eimer für das Eis
- Eine Eiszange
- Ein Entsafter, am besten elektrisch
- Eine Auswahl an Strohhalmen
- Ein Stößel, am besten aus Holz
- Eine Auswahl an verschiedenen Gläsern
- Eine Form für Eiswürfel in deinem Gefrierfach (Die Eiswürfel sollten dabei eine Kantenlänge von 4 cm erhalten)

DEIN SHAKER

Ein Shaker ist das Grundwerkzeug für einen Barkeeper. Es gibt dafür zwei verschiedene Modelle, die sich beide gut eignen. Es kommt mehr auf dich an, welcher dir mehr zusagt. Diejenigen, die das Mixen von Cocktails beruflich betreiben, neigen übrigens eher zum Boston Shaker, doch das muss nicht bedeuten, dass sich dieser auch für dich besser eignet.

Der Boston Shaker

Der Boston Shaker, oder auch als amerikanischer Shaker bezeichnet, verfügt nur über zwei Teile. Diese sehen praktisch wie Gläser aus, wobei jedoch nur ein Teil tatsächlich aus Glas gemacht ist. Der andere Teil besteht aus Metall. Beide Teile werden ganz einfach zusammengestülpt.

Die Vorteile des Boston Shakers sind, dass er über ein großes Volumen verfügt und zugleich der Zustand des Inhalts leicht beurteilt werden kann. Das geht dank des Glases, welches durchsichtig ist.

Für das Shaken verwendest du sehr oft auch Eiswürfel. Diese verbleiben jedoch im Shaker, wenn du den Drink in das entsprechende Glas füllst. Das heißt, du brauchst noch ein Sieb als Zubehör. Halte es vor den Shaker, wann immer du seinen Inhalt in ein Glas entleerst.

Der dreiteilige Shaker

Der dreiteilige Shaker besteht, wie es der Name vermuten lässt, aus drei Teilen. Hier kommt zu den zwei Teilen, wie sie im Boston Shaker enthalten sind, noch ein Sieb dazu. Das macht das Ausgießen viel einfacher, denn du musst kein Sieb davorhalten.

Wenn du die Zutaten in den Shaker einfüllst, nimmst du das Sieb ab. Danach setzt du es auf und beginnst mit dem Schütteln. Das macht ihn in jedem Fall praktischer für Daheim, doch das begrenzt auch sein Volumen. Darüber hinaus kannst du nicht sehen, wie gut der Inhalt gemischt ist.

DIE DREI WICHTIGSTEN GRUNDREGELN

Es gibt noch ein paar einfache Grundregeln, die du beachten musst. Gegen sie zu verstoßen, ist sehr peinlich. Lerne sie also auswendig und sag sie dir immer wieder vor, damit du keinen super peinlichen Fehler machst.

Als erstes solltest du nie ein Getränk in den Shaker füllen, das Kohlensäure enthält. Das würde den Druck im Shaker während es Schüttelns zu sehr erhöhen und er würde auseinanderfliegen. Wenn er die Schüttelpartie jedoch übersteht, wird dir der Inhalt entgegenkommen, sobald du ihn öffnest.

Gib Zutaten hinein, die noch heiß sind. Sicher, im Winter sind heiße Cocktails ein Hit, doch nicht im Shaker. Dieser würde sehr schnell sehr heiß werden. Darüber hinaus entsteht darin ein starker Druck. Sobald du ihn öffnest, würden dir die heißen Zutaten direkt um die Ohren fliegen.

Achte darauf, immer eine Menge Eiswürfel zur Hand zu haben. Ihr Verbrauch ist sehr hoch und du willst bestimmt keinen warmen oder lauwarmen Cocktail trinken. Das kommt nie gut an. Im schlimmsten Fall kannst du dir die Eiswürfel sogar liefern lassen.

40 REZEPTE RUND UM WODKA

JOHANNISBEEREN ON ICE

ZUTATEN:

- Eiswürfel 4
- Johannisbeeren 2 EL
- Traubensaft, rot 100 ml
- Wodka 10 ml
- Zuckersirup 1 EL

ZUBEREITUNG:

1. Nimm dir ein Rührglas. Gib die Beeren hinein, gieß den Sirup darüber und zerdrücke die Beeren.
2. Gib den Traubensaft mit dem Wodka in einen Shaker.
3. Schüttel beides ordentlich.
4. Gib die Eiswürfel zu den Beeren und gieß den Wodka darüber.
5. Häng ein paar Beeren an den Glasrand zur Dekoration.

RED RUSSIAN

ZUTATEN:

- Cherry Heering 2 cl
- Eiswürfel
- Wodka 4 cl

ZUBEREITUNG:

1. Vermische die Zutaten in einem Glas und serviere sie mit einem Strohhalm.

HIGH VOLTAGE

ZUTATEN:

- Blue Curacao 2 cl
- Eiswürfel
- Gin Tonic 1 Schuss
- Wodka 4 cl
- Zitrone 1 Scheibe
- Zitronensaft 1 cl

ZUBEREITUNG:

1. Nimm dir ein Cocktail Glas und gib alle Zutaten hinein.
2. Rühre alles um.
3. Dekoriere das Ganze mit der Scheibe Zitrone. Dank des Gin Tonic leuchtet der Drink unter UV-Licht.

MEXICAN ON ICE

ZUTATEN:

- Cola 1 Schuss
- Eiswürfel 4
- Limette 1
- Limette 4 Scheiben
- Wodka 4 cl
- Red Bull 10 cl

ZUBEREITUNG:

1. Press die Limette aus.
2. Gib den Saft in ein großes Glas.
3. Gib die Eiswürfel dazu.
4. Gib ein paar Limettenscheiben hinein.
5. Gieß den Wodka darüber.
6. Füll das Glas mit Red Bull auf.
7. Gib einen Schuss Cola hinein.

MASTER BLASTER

ZUTATEN:

- Eiswürfel 3
- Orange 1 Scheibe
- Red Bull 60 ml
- Sekt, trocken 1 Schuss
- Wodka 1 Schuss

ZUBEREITUNG:

1. Nimm dir ein Whiskey Glas und gib die Eiswürfel hinein.
2. Gib den Sekt und Wodka dazu.
3. Füll das Glas mit Red Bull auf.
4. Dekoriere es mit einer Orangenscheibe und einem Strohhalm.

MAGIC DRINK

ZUTATEN:

- Eiswürfel 2
- Fanta Lemon 100 ml
- Kümmerling 4 cl
- Puschkin Wodka 3 cl
- Wodka Feige 5 cl
- Wodka Pflaume 2 cl

ZUBEREITUNG:

1. Gib alles in einen Shaker und schüttel es ordentlich durch.
2. Gib ein paar Frische Eiswürfel in ein beliebiges Glas.
3. Gib den Drink hinein.
4. Fülle das Glas mit Fanta auf.
5. Gib einen Strohhalm hinein.

MADRAS

ZUTATEN:

- Cranberrynektar 9 cl
- Eiswürfel
- Orangensaft 9 cl
- Wodka 6 cl

ZUBEREITUNG:

1. Gib alle Zutaten in einen Shaker.
2. Schüttel sie ordentlich durch.
3. Gieß den Drink in ein beliebiges Glas.
4. Steck einen Strohhalm hinein.

LYCHEE MARTINI

ZUTATEN:

- Eiswürfel 6
- Lychee 6
- Lycheelikör 6 cl
- Wodka 6 cl

ZUBEREITUNG:

1. Mixe die Lychee fein und gib sie in einen Shaker.
2. Gib die Eiswürfel, den Likör und den Wodka dazu.
3. Schüttel alles, bis es richtig kalt wird.
4. Seihe den Drink in ein Martiniglas ab.

LONG ISLAND ICE TEA

ZUTATEN:

- Cola 1 Schuss
- Eiswürfel
- Limettensaft 1 cl
- Gin 2 cl
- Minze 1
- Orangenlikör 1 cl
- Rum, braun 2 cl
- Wodka 2 cl
- Orangensaft 2 cl
- Zucker

ZUBEREITUNG:

1. Füll den Shaker mit Eiswürfel.
2. Gib den Rum, Gin, Limettensaft, Zucker, Orangenlikör und -saft, sowie den Wodka hinein.
3. Schüttel das Ganze tüchtig.
4. Nimm dir ein Longdrink Glas.
5. Gib ein paar neue Eiswürfel hinein.
6. Gieß alles durch ein Sieb in das Longdrink Glas.
7. Füll das Ganze mit Eiswürfeln auf und garniere es mit einem Minzblatt.

JAMAICA TEN SPEED

ZUTATEN:

- Bananenlikör 1 cl
- Eiswürfel
- Malibu Rum 1 cl
- Melonenlikör 1 c
- Milch 1 cl
- Wodka, weiß 3 cl
- Sahne 1 cl

ZUBEREITUNG:

1. Kühl ein Cocktail Glas für 2 Stunden im Gefrierschrank vor.
2. Gib 6 Eiswürfel und all die anderen Zutaten in einen Shaker.
3. Schüttel das Ganze kräftig.
4. Nimm das vorgekühlte Glas und gieß den Drink durch ein Sieb hinein.

WODKA MARTINI

ZUTATEN:

- Eiswürfel 4
- Martini, dry 2 cl
- Olive 1
- Wodka 6 cl

ZUBEREITUNG:

1. Kühle ein Martiniglas vor.
2. Nimm die Eiswürfel.
3. Gib den Martini und den Wodka dazu und verrühre alles ordentlich.
4. Gieß die Mischung ohne die Eiswürfel in das Martiniglas und dekoriere das Ganze mit der Olive.

WODKA MARTINI VERSION 2

ZUTATEN:

- Eiswürfel 4
- Olive 1
- Vermouth, dry 1 cl
- Wodka 5 cl

ZUBEREITUNG:

1. Kühle ein Martiniglas vor.
2. Gib die Eiswürfel, den Wodka und den Wermut in einen Stirrer.
3. Verrühre alles.
4. Fülle die Mischung ohne die Eiswürfel in das vorgekühlte Glas.
5. Dekoriere das Ganze mit der Olive

WODKA SOUR

ZUTATEN:

- Zitronensaft 3 cl
- Wodka 5 cl
- Zitronenspalten 3
- Zuckersirup 2 cl

ZUBEREITUNG:

1. Gib alle Zutaten in einen Shaker und schüttel sie ordentlich durch.
2. Gib sie in ein Tumbler Glas und garniere alles mit den Zitronenspalten.

WODKA SUNRISE

ZUTATEN:

- Grenadine 1 Schuss
- Orangensaft 12 cl
- Wodka 6 cl

ZUBEREITUNG:

1. Nimm dir ein Longdrink Glas und gib den Wodka, den Orangensaft und das Eis hinein.
2. Rühre das Ganze gut um.
3. Gieße die Grenadine langsam hinein, damit ein hübscher Farbverlauf entsteht.

WODKA TONIC

ZUTATEN:

- Eiswürfel 4
- Tonic 100 ml
- Wodka, gut gekühlt 40 ml
- Limette 1 Scheibe

ZUBEREITUNG:

1. Gib die Eiswürfel in ein Glas und füll den kalten Wodka hinein.
2. Gieß das Tonic Water dazu.
3. Klemme die Limettenscheibe als Deko an den Glasrand.

WODKA LEMON

ZUTATEN:

- Bitterlemon 1 Schuss
- Eiswürfel 2
- Limettensaft 1 cl
- Limettenscheiben einige
- Wodka 4 cl

ZUBEREITUNG:

1. Nimm dir ein Longdrink Glas zur Hand.
2. Gib die beiden Eiswürfel hinein.
3. Füll den Wodka hinein.
4. Gieß danach den Limettensaft dazu.
5. Rühre das Ganze um und fülle es mit dem Limettensaft auf.
6. Garniere das Ganze mit den Limettenscheiben.

WODKA GIMLET

ZUTATEN:

- Eiswürfel 8
- Wodka 4 cl
- Limettensaft 2 cl

ZUBEREITUNG:

1. Nimm dir einen Shaker und gib den Wodka, den Limettensaft und 4 hinein.
2. Schüttel alles ordentlich.
3. Gib die anderen 4 Eiswürfel in ein vorgekühltes Cocktail Glas.
4. Gieß die Mischung dazu.

WODKA FIZZ

ZUTATEN:

- Eiswürfel 4
- Sodawasser 1 Schuss
- Wodka 5 cl
- Zuckersirup 2 cl
- Zitronensaft 3 cl

ZUBEREITUNG:

1. Gib den Wodka und Zitronensaft, sowie den Zuckersirup mit den Eiswürfeln zusammen in einen Shaker.
2. Schüttel das Ganze ordentlich und lange durch.
3. Gib den Inhalt ohne die Eiswürfel in ein Glas für Longdrinks.
4. Fülle das Ganze mit Sodawasser auf.

WODKA-GIN-LIMETTE

ZUTATEN:

- Crushed Ice 2 EL
- Eiswürfel 6
- Gin 3 cl
- Limette 1
- Wodka 3 cl

ZUBEREITUNG:

1. Wasch die Limette heißt ab und trockne sie. Nimm dir einen Gemüseschäler und schneide die Schale in einer dünnen Spirale ab.
2. Halbiere die Limette und press sie aus.
3. Gib die Eiswürfel, den Wodka und den Gin in einen Shaker.
4. Füge den Limettensaft dazu.
5. Schüttel alles, bis der Shaker Frost annimmt.
6. Gib das Crushed Ice in ein Tumbler Glas.
7. Gieß den Drink ohne die alten Eiswürfel in das Glas.

8. Dekoriere das Ganze mit der Limettenspirale.

WODKA APPLE

ZUTATEN:

- Apfelsaft 180 ml
- Apfelspalte 1
- Eiswürfel 5
- Wodka 50 ml
- Zimtstange 1

ZUBEREITUNG:

1. Gib die Eiswürfel in ein Longdrink Glas.
2. Verrühre den Wodka mit dem Apfelsaft.
3. Gib die Mischung in das Longdrink Glas.
4. Dekoriere das Ganze mit der Apfelspalte und einer Zimtstange

WHITE RUSSIAN

ZUTATEN:

- Eiswürfel 5
- Kaffelikör 3 cl
- Schlagsahne 3 cl
- Wodka 3 cl

ZUBEREITUNG:

1. Schlag die Sahne schaumig.
2. Gib die Eiswürfel in ein Rührglas.
3. Gib den Wodka sowie den Kaffeelikör dazu.
4. Verrühre das Ganze.
5. Nimm dir ein Glas und gieße das Ganze durch ein Sieb hinein und gib die Sahne darüber.

WHITE RUSSIAN VERSION 2

ZUTATEN:

- Eiswürfel 5
- Schlagsahne 5 cl
- Schoko-Chili-Likör 3 cl
- Wodka 3 cl

ZUBEREITUNG:

1. Kühl ein Glas im Kühlschrank vor.
2. Gib die Eiswürfel in das kalte Glas.
3. Gieße den Likör und den Wodka darüber.
4. Gib am Ende die Sahne darauf.

VODKATINI

ZUTATEN:

- Eiswürfel 5
- Olive 1
- Wodka 6 cl
- Wermut, trocken 1 cl
- Zitronenspalten 1

ZUBEREITUNG:

1. Nimm dir einen Shaker und gib die Eiswürfel hinein.
2. Gib den Wodka und den Wermut dazu.
3. Schüttel das Ganze kräftig.
4. Nimm dir ein Cocktail Glas seihe alles darin ab. Garniere es mit der Olive und Zitronenspalte.

VESPER MARTINI

ZUTATEN:

- Eiswürfel 6
- Gin 6 cl
- Lillet Blanc 1 cl
- Wodka 2 cl
- Zitronenspirale 1

ZUBEREITUNG:

1. Gib alle Zutaten in einen Shaker und schüttel sie kräftig.
2. Gieß das Ganze durch ein Sieb in ein Martiniglas.
3. Gib die Zitronenspirale als Deko dazu.

WASSERMELONEN CAIPIROSKA

ZUTATEN:

- Crushed Ice 2 EL
- Limette ½
- Rohrzucker, weiß 2 EL
- Wassermelone ½ Stück
- Wodka 4 cl

ZUBEREITUNG:

1. Schneide die Wassermelone in kleine Stücke.
2. Schneide die Limette in Viertel.
3. Gib die Limettenviertel in ein Caipirinha Glas.
4. Gib den Rohrzucker darauf und zerdrücke ihn mit einem Stößel aus Holz.
5. Vermenge danach das Crushed Ice mit dem Wodka und den Melonenstücken und serviere das Ganze.

VELVET HAMMER

ZUTATEN:

- Creme de Cavao, braun 2 cl
- Eiswürfel 5
- Schlagsahne 3 cl
- Wodka 2 cl

ZUBEREITUNG:

1. Gib die Creme de Cacao, den Wodka und die Sahne in einen Shaker.
2. Füg die Eiswürfel dazu und schüttel alles ordentlich durch.
3. Gib alles durch ein Sieb in eine Cocktail Schale und serviere sie mit einem Strohhalm.

VALENTINS COCKTAIL

ZUTATEN:

- Apfelsaft 70 ml
- Eiswürfel 3
- Grapefruitsaft 50 ml
- Honig ½ EL
- Minzblätter 2
- Minzstangen 2
- Wodka 70 ml

ZUBEREITUNG:

1. Gib die Minzstangen und den Honig in einen Shaker. Zerdrücke das Ganze.
2. Gib die Eiswürfel, den Wodka, Apfelsaft und Grapefruitsaft dazu.
3. Schüttel alles kräftig.
4. Gieße alles durch in Sieb in die Gläser. Garniere das Ganze mit den Minzblättern und Trinkhalmen.

SWIMMING POOL

ZUTATEN:

- Blue Curacao 2 cl
- Ananassaft 12 cl
- Coctailkirsche 1
- Cream of Coconut 1,5 cl
- Crushed Ice 2 EL
- Schlagsahne 2 cl
- Wodka 4 cl

ZUBEREITUNG:

1. Nimm dir einen Mixer. Gib den Wodka, die Sahne und die Cream of Coconut zusammen mit dem Ananassaft hinein.
2. Mixe alles durch.
3. Nimm dir ein Fancyglas und fülle das Crushed Ice hinein.
4. Gib die vermischten Zutaten dazu.
5. Lass den Blue Curacao danach hineintröpfeln.
6. Garniere alles mit der Cocktailkirsche.

SWEET DREAM

ZUTATEN:

- Baileys 4 cl
- Eiswürfel 6
- Gin 2 cl
- Limettensaft 2 Spritzer
- Wodka 3 cl

ZUBEREITUNG:

1. Gib den Wodka und den Gin in ein Longdrink Glas.
2. Gib den Baileys dazu und verrühre alles.
3. Gib den Limettensaft und die Eiswürfel dazu.

VANILLA ON ICE

ZUTATEN:

- Eiswürfel 4
- Marini, dry 2 cl
- Vanillesirup 1 cl
- Wodka 6 cl

ZUBEREITUNG:

1. Gib die Eiswürfel in eine Cocktailschale und stell sie in den Gefrierschrank.
2. Gib den Wodka mit dem Martini und dem Sirup in ein Rührglas und verrühre das Ganze.
3. Nimm die Schale aus dem Kühlschrank. Gib den Cocktail hinein.

STRAWBERRY COLADA

ZUTATEN:

- Ananassaft 10 cl
- Cocossirup 4 cl
- Eiswürfel viele
- Zitronensaft 2 cl
- Erdbeere 1
- Erdbeersirup 6 cl
- Rum, weiß 6 cl

ZUBEREITUNG:

1. Gib die Eiswürfel in ein Glas.
2. Füge den Ananas- und Zitronensirup dazu.
3. Füge beide Sirups hinzu.
4. Gib den Rum hinein und rühre alles ordentlich durch.
5. Nimm dir ein Ballonglas und fülle es mit Eiswürfel und dem Drink auf.
6. Dekoriere das Ganze mit einer Erdbeere.

SEX ON THE BEACH

ZUTATEN:

- Ananassaft 8 cl
- Aprikosenlikör 4 cl
- Cranberrysirup 4 cl
- Eiswürfel viele
- Orangensaft 4 cl
- Orangenscheibe 1
- Wodka 4 cl

ZUBEREITUNG:

1. Nimm dir einen Shaker.
2. Gib 4 Eiswürfel hinein.
3. Gib die anderen Zutaten dazu.
4. Schüttel alles kräftig.
5. Nimm dir ein Longdrink Glas und gib einige Eiswürfel hinein.
6. Gieße den Drink durch ein Barsieb dazu.
7. Serviere alles mit einem Strohhalm und der Orangenscheibe.

SEX ON THE BEACH VERSION 2

ZUTATEN:

- Eiswürfel 4
- Orangensaft 9 cl
- Grenadine 2 cl
- Orangenscheibe 1
- Peach Likör 3 cl
- Sahne, süß 3 cl
- Wodka 3 cl

ZUBEREITUNG:

1. Gib den Likör mit dem Orangensaft, der Sahne, dem Wodka und der Grenadine in einen Shaker.
2. Füge die Eiswürfel dazu und schüttel alles ordentlich durch.
3. Gib alles in ein hohes Glas und dekoriere es mit einer Orangenscheibe.

SINGLE JUICE

ZUTATEN:

- Cointreau 1,5 cl
- Eiswürfel viele
- Grenadine 1 Spritzer
- Wodka 2 cl
- Zitronensaft 2 cl
- Orangensaft 8 cl

ZUBEREITUNG:

1. Gib den Wodka, Zitronensaft und Orangensaft, sowie den Cointreau in ein Longdrink Glas.
2. Gib die Eiswürfel dazu und verrühre alles.
3. Gib einen Spritzer Grenadin hinein, damit es eine hübsche Farbe ergibt.

SOUR COCKTAIL MIT WODKA

ZUTATEN:

- Eiswürfel 6
- Salz 1 Prise
- Wodka 5 cl
- Zitronensaft 3 cl
- Zuckersirup 2 cl

ZUBEREITUNG:

1. Füll die Eiswürfel in einen Shaker.
2. Press eine Zitrone aus und gib den Saft in den Shaker.
3. Gib den Zuckersirup und den Wodka dazu.
4. Shake alles, bis der Shaker richtig Frost bekommt.
5. Gib alles durch ein Barsieb in ein Stiel Glas.
6. Gib noch etwas Salz dazu und serviere das Ganze.

SALTY DOG

ZUTATEN:

- Crushed Ice
- Grapefruitsaft 5 cl
- Salz
- Wodka 5 cl

ZUBEREITUNG:

1. Gib den Grapefruitsaft mit dem Crushed Ice in einen Shaker.
2. Gib den Wodka dazu.
3. Schüttel alles ordentlich durch.
4. Kühl eine Cocktailschale vor. Tauche den Rand in Salz.
5. Füll den Drink hinein.

SCHMOTZE

ZUTATEN:

- Schlagsahne 300 ml
- Maracujasaft 500 ml
- Vanillezucker ein wenig
- Wodka 300 ml
- Zucker 125 g

ZUBEREITUNG:

1. Gib alle Zutaten in einen Shaker und shake sie ordentlich.
2. Kühle ein Cocktail Glas vor.
3. Gib die Mischung hinein.

SCREWDRIVER

ZUTATEN:

- Eiswürfel 6
- Orangensaft 12 cl
- Wodka 6 cl

ZUBEREITUNG:

1. Nimm dir ein Highballglass.
2. Gib den Wodka, Orangensaft und die Eiswürfel hinein.
3. Rühre alles gut um.
4. Gib noch einen Trinkhalm dazu und serviere das Ganze.

SEABREEZE

ZUTATEN:

- ♦ Cranberrysaft 10 cl
- ♦ Eiswürfel 5
- ♦ Grapefruitsaft 5 cl
- ♦ Orangenscheibe 1
- ♦ Wodka 5 cl

ZUBEREITUNG:

1. Gib die Eiswürfel in den Shaker.
2. Gib den Wodka und die Fruchtsäfte dazu.
3. Schüttel das Ganze für 5 Minuten.
4. Nimm dir ein Glas zur Hand.
5. Gieße alles hinein.
6. Garniere das Ganze mit einer Orangenscheibe.

ROTTEN PUMPKIN

ZUTATEN:

- ♦ Eiswürfel 5
- ♦ Orangensaft 15 cl
- ♦ Orangenspalte 1
- ♦ Wodka, schwarz 6 cl

ZUBEREITUNG:

1. Nimm dir ein hohes Glas.
2. Gib die Eiswürfel hinein und gieß den Orangensaft darüber.
3. Lass danach den schwarzen Wodka ganz langsam hineinfließen.
4. Vermisch den Drink, bis er eine grüne Farbe hat.
5. Garniere alles mit der Orangenspalte.

40 REZEPTE RUND UM RUM

MOJITO

ZUTATEN:

- Bacardi, weiß 60 ml
- Eiswürfel 3
- Limette 1
- Limette 1 Scheibe
- Mineralwasser 1 Schuss
- Minze 11 Blätter
- Zucker 1 TL

ZUBEREITUNG:

1. Wasche die Limette und schneide sie in Viertel und danach in kleine Stücke.
2. Gib den Zucker dazu und zerdrücke die Limettenstücke.
3. Schneide 6 der Minzblätter klein und füge sie hinzu.
4. Zerdrücke alles gemeinsam erneut.
5. Gieß den Bacardi dazu und verrühre alles.
6. Gib die Limettenscheibe in ein Glas
7. Gib ein Sieb auf das Glas und gieße den Drink hindurch.
8. Gib die Eiswürfel hinein.
9. Gieße alles mit Mineralwasser auf.
10. Gib die verbliebenen Minzblättchen hinein.

MOJITO – DAS ORIGINAL

ZUTATEN:

- Eiswürfel
- Limettensaft, frisch 1 cl
- Minze 6 Blätter
- Minzezweig 1
- Rose's Lime Juice 2 cl
- Rum Havana Club 3 anos 5 cl
- Sodawasser 1 Spritzer
- Staubzucker 1½ TL

ZUBEREITUNG:

1. Gib den Limettensaft, Lime Juice und Staubzucker in ein Longdrink Glas.
2. Verrühre alles ordentlich.
3. Gib die Minzblätter dazu.
4. Zerdrücke alles ein wenig.
5. Fülle das Glas mit Eiswürfel auf.
6. Gieß den Havana Club hinein.
7. Verrühre alles kräftig.
8. Gib noch ein paar Eiswürfel dazu.
9. Füge das Sodawasser hinzu.
10. Verrühre alles erneut.
11. Garniere das Ganze mit dem Minzezweig.

MANGO DAIQUIRI

ZUTATEN:

- Lime Juice 2 cl
- Mangopulpe 12 cl
- Mangostücke
- Rum, weiß 6 cl

ZUBEREITUNG:

1. Gib alles in einen Mixer und mixe es zu einer cremigen Masse.
2. Füll den Drink in eine Cocktailschale und garniere sie mit Mangostücken.

MALIBU BEACH

ZUTATEN:

- Ananassaft 2 cl
- Eiswürfel
- Mandelsirup 2 cl
- Grenadine 2 cl
- Malibu 4 cl
- Maracujanektar 4 cl
- Orangensaft 5 cl
- Zitronensaft 2 cl

ZUBEREITUNG:

1. Vermische den Ananassaft gut mit dem Maracujanektar, Zitronensaft und Orangensaft in einem Shaker.
2. Gib danach den Mandelsirup, ein paar Eiswürfel und die Grenadine hinzu.
3. Schüttel alles erneut durch.
4. Gib es in ein Cocktailglas.
5. Gieß den Malibu darüber.

MAI TAI

ZUTATEN:

- Ananassaft 5 cl
- Zuckersirup 1 cl
- Eiswürfel
- Rum, braun 6 cl
- Limette ½
- Mandelsirup 1 cl
- Orangenlikör 2 cl

ZUBEREITUNG:

1. Press die Limette aus und gib den Saft in einen Shaker.
2. Füge 5 Eiswürfel dazu.
3. Gieß den braunen Rum, Mandel- und Zuckersirup, sowie den Orangenlikör dazu.
4. Schüttel alles ordentlich durch.
5. Füll Eiswürfel in ein Longdrink Glas.
6. Gib den Drink hinein.
7. Serviere ihn mit einem Strohhalm.

LITTLE PRINCESS

ZUTATEN:

- Rum, weiß 2 cl
- Martini Rosso 2 cl

ZUBEREITUNG:

1. Gib den Martini Rosso mit dem weißen Rum in einen Shaker.
2. Schüttel beides ordentlich durch.
3. Gieß den Drink in ein Shot Glas.

LIMETTEN DAIQUIRI

ZUTATEN:

- Eiswürfel
- Limette 1 Scheibe
- Limettensaft 1 cl
- Rum 5 cl
- Zuckersirup 1 TL

ZUBEREITUNG:

1. Gib ein Cocktail Glas für mindestens zwei Stunden in den Gefrierschrank zum Vorkühlen.
2. Gib 6 Eiswürfel in den Shaker.
3. Gib den Limettensaft, Rum und Zuckersirup hinein uns schüttel das Ganze für mindestens 15 Sekunden.
4. Gib den Drink durch ein Sieb in das gekühlte Cocktail Glas.
5. Gib eine Limettenscheibe dazu.

KIWI DAIQUIRI

ZUTATEN:

- Eiswürfel 3
- Kiwi 1
- Limettensaft 1 Spritzer
- Rum, weiß 20 ml
- Zuckersirup 1 Spritzer

ZUBEREITUNG:

1. Schäle die Kiwie.
2. Gib sie in einen Mixer und füge die Eiswürfel dazu.
3. Püriere das Ganze.
4. Gib den Rum, Sirup und Saft dazu.
5. Püriere das Ganze erneut.
6. Gieß es in ein Martiniglas und serviere das Ganze.

KARIBISCHER RUM COCKTAIL

ZUTATEN:

- Ananas 1 Spalte
- Anananssaft 180 ml
- Bacardi Oakheart brauner Rum 5 cl
- Eiswürfel 2
- Früchtespieß 1
- Sahne 3 cl

ZUBEREITUNG:

1. Gib den Ananassaft, den Bacardi und die Sahne in einen Shaker.
2. Schüttel das Ganze ordentlich durch.
3. Kühle ein Cocktailglas vor.
4. Gieß den Cocktail hinein.
5. Dekoriere das Glas mit der Ananasspalte.

KARIBIK FANTA

ZUTATEN:

- Angostura 1 Schuss
- Eiswürfel einige
- Fanta 200 ml
- Orangen 1 Scheibe
- Rum 10 ml

ZUBEREITUNG:

1. Gib den Rum in ein großes Weinglas.
2. Gib den Angostura und die Eiswürfel dazu.
3. Rühre das Ganze ein wenig um.
4. Gieß das Glas mit der Fanta auf.
5. Dekoriere das Glas mit der Orangenscheibe.

ZOMBIE

ZUTATEN:

- Cointreau 3 cl
- Ananassaft 5 cl
- Crushed Ice 0,2 l
- Grenadine 1 cl
- Maracujasirup 3 cl
- Orangensaft 3 cl
- Orangenscheibe 1
- Rum, dunkel 3 cl
- Rum, hochprozentig 1 cl
- Rum, weiß 5 cl
- Zitronensaft 3 cl

ZUBEREITUNG:

1. Gib alle Zutaten in einen Shaker und schüttel sie kräftig.
2. Gib sie durch ein Sieb in ein Longdrink Glas.
3. Garniere das Glas mit der Orangenscheibe.

ZOMBIE VERSION 2

ZUTATEN:

- Ananassaft 4 cl
- Bananensaft 2 cl
- Contreau 2 cl
- Eiswürfel 7
- Rum, weiß (Bacardi) 2 cl
- Rum, dunkelbraun 4 cl
- Zitronensaft 2 cl

ZUBEREITUNG:

1. Gib die Eiswürfel in ein Rührglas.
2. Gieß de Rum langsam darüber.

3. Gib danach die Säfte dazu.
4. Rühre alles durch und gib es in ein Longdrink Glas
5. Gib noch mehr Eiswürfel dazu.

WASSERMELONEN DAIQUIRI

ZUTATEN:

- Eiswürfel 2
- Limettensaft 1 Schuss
- Rum, weiß 20 ml
- Wassermelone 100 g
- Zuckersirup 1 Schuss

ZUBEREITUNG:

1. Schneide die Wassermelone in Stücke.
2. Gib alle Zutaten in einen Smoothie Maker.
3. Zerkleinere alles und gib es in ein Cocktail Glas.
4. Gib ein Stück Wassermelone als Dekoration auf den Glasrand.

WAIKIKI SNOWFLAKE

ZUTATEN:

- Ananassaft 10 cl
- Blue Curacao 4 cl
- Crushed Ice ½ Glas
- Kokosflocken ½ TL
- Rum, weiß 4 cl
- Zitrone ½

ZUBEREITUNG:

1. Schneide die halbe Zitrone in vier Teile und zerdrücke sie mit den Kokosflocken in einem Glas.
2. Gib das Ice, den Ananassaft, den Rum und Blue Curacao in einen Shaker.
3. Nimm den Shaker in die Hand und schüttel alles kräftig.
4. Gib das Crushed Ice in ein Glas und seihe den Drink darin ab.

TROPICAL DREAM

ZUTATEN:

- Ananassaft 8 cl
- Cointreau 2 cl
- Eiswürfel 6
- Grenadine 1,5 cl
- Rum, weiß 4 cl
- Zitronensaft 2 cl

ZUBEREITUNG:

1. Gib 2 Eiswürfel und den Cointreau, Ananassaft, Rum, Zitronensaft und die Grenadine in einen Shaker und shüttel alles gut.
2. Gib die anderen Eiswürfel in ein Ballonglas.
3. Gieß den Drink durch ein Sieb dazu.

TROPICAL COCKTAIL

ZUTATEN:

- Ananasspalte 1
- Bananennektar 40 ml
- Eiswürfel 8
- Galliano 2 cl
- Maracujanektar 60 ml
- Rum 4 cl
- Schlagsahne 40 ml

ZUBEREITUNG:

1. Gib den Nektar, Galliano, Rum und die Sahne mit 3 Eiswürfel in einen Shaker.
2. Schüttel alles kräftig.
3. Gieß es durch ein Barsieb in ein beliebiges Glas.
4. Gib den Rest der Eiswürfel dazu.
5. Dekoriere alles mit der Ananasspalte.

THE GREEN HORNET

ZUTATEN:

- Blütenhonig 1 EL
- Crushed Ice 2 EL
- Hulunderblütensirup 1 Schuss
- Limettensaft 1 Schuss
- Limettenscheibe 1
- Minze 1 Zweig
- Minztee 150 ml
- Rohrzucker 1 TL
- Rum, weiß 30 ml

ZUBEREITUNG:

1. Nimm deinen Shaker zur Hand und gib den Tee hinein.
2. Wasch die Minze, zupfe die Blätter ab und gib diese auch in den Shaker.
3. Gib den Sirup und Honig, sowie den Rohrzucker, dazu.
4. Gib den Limettensaft als Letztes hinein.
5. Shake das Ganze ordentlich durch.
6. Gib das Crushed Ice in ein Glas. Gib den Rum dazu.
7. Gieß die geschüttelte Mischung dazu.
8. Dekoriere das Glas mit der Limettenscheibe.

TAHITI

ZUTATEN:

- Eiswürfel 8
- Malibu Kokoslikör 3 cl
- Mango 1 Stück
- Mangolikör 2 cl
- Orangensaft 8 cl
- Rum, dunkel 2 cl
- Zitronensaft 2 cl

ZUBEREITUNG:

1. Leg das Stück Mango und 4 Eiswürfel zur Seite.
2. Gib alle anderen Zutaten und in den Shaker.
3. Nun schüttel alles kräftig.
4. Gib die anderen Eiswürfel beliebiges Glas.
5. Seihe den Dring in das Glas ab.
6. Dekoriere das Glas mit dem Mangostückchen.

SWIZZLE MIT HONIG

ZUTATEN:

- Aprikosenlikör 1 cl
- Eiswürfel 5
- Honig, flüssig 2 TL
- Limette 1
- Rum, weiß 3 cl
- Limettenscheibe 1
- Rum, braun 3 cl

ZUBEREITUNG:

1. Press die Limette aus. Gib den Saft mit allen anderen Zutaten, bis auf die Limettenscheibe, in einen Shaker.
2. Schüttel alles kräftig durch.

3. Gieß den Drink durch ein Sieb in ein Glas und dekoriere das Ganze mit der Limettenscheibe.

SWEET MEMORIES

ZUTATEN:

- Curacao orange 2 cl
- Eiswürfel 3
- Vermouth, dry 2 cl
- Limettenscheibe 1
- Rum, weiß 2 cl

ZUBEREITUNG:

1. Gib die Zutaten mit Ausnahme der Limettenscheibe in den Shaker und schüttel alles kräftig.
2. Gieß den Drink in ein Glas und dekoriere es mit der Limettenschale.

SURPRISE

ZUTATEN:

- Eiswürfel 3
- Mandelsirup 1 cl
- Pitahaya, gelb, reif, ohne Kerne ½
- Rum, weiß 4 cl
- Salz 1 Prise
- Zitronensaft 2 cl
- Zuckersirup 1 Schuss

ZUBEREITUNG:

1. Kühle ein Cocktail Glas im Gefrierschrank vor.
2. Löse das Fruchtfleisch aus der Pitahaya. Gib es in einen Mixer und füge den Mandel- und Zuckersirup, das Salz, den weißen Rum, die Eiswürfel und den Zitronensaft dazu.
3. Mixe das Ganze gut durch.
4. Gib das Ganze in ein Glas und garniere es mit einer Scheibe Pitahaya.

SUNSET COCKTAIL

ZUTATEN:

- Eiswürfel
- Gin 3 cl
- Grenadine 1 cl
- Limettensaft 3 cl
- Rum, weiß 3 cl
- Sodawasser

ZUBEREITUNG:

1. Gib alle Zutaten in einen großen Shaker und schüttel alles ordentlich durch.
2. Gieße das Ganze durch ein Sieb in ein Glas.
3. Fülle das Glas mit Sodawasser auf.

SUNNY MARACUJA

ZUTATEN:

- Eiswürfel 2
- Limettensaft 1 Schuss
- Mangosaft 20 ml
- Maracujasaft 60 ml
- Orangensaft 20 ml
- Rum, weiß 20 ml
- Zimt 1 Prise

ZUBEREITUNG:

1. Nimm dir einen Shaker. Gib den Maracujasaft, den Orangensaft und den Mangosaft hinein.
2. Gib den Limettensaft dazu.
3. Füge den Rum sowie etwas Zimt hinzu.
4. Shake alles ordentlich durch.
5. Gib die Eiswürfel in ein Glas.
6. Gieß den Cocktail hinein und serviere ihn.

STRONG BULL

ZUTATEN:

- Bitter Lemon 1 Schuss
- Eiswürfel 8
- Energy Drink 150 ml
- Rum, weiß 4 cl

ZUBEREITUNG:

1. Nimm dir ein Longdrink Glas und fülle es mit den Eiswürfeln.
2. Gib den Rum darüber.
3. Gieß den Energy Drink auf den Rum und füll alles mit Bitter Lemon auf.

STRAWBERRY DAIQUIRI

ZUTATEN:

- Crushed Ice 3 EL
- Erdbeeren 8
- Limettensaft 2 cl
- Rum 4 cl
- Strawberry Likör 2 cl

ZUBEREITUNG:

1. Gib etwas Crushed Ice mit den Erdbeeren in einen Mixer und mixe alles durch.
2. Gib die Mischung in den Shaker und füge die restlichen Zutaten dazu.
3. Shake alles ordentlich durch.
4. Gib den Drink in ein Cocktail Glas und dekoriere es mit einem schwarzen Strohhalm und einem Erdbeerstück.

SOMBRERO

ZUTATEN:

- Ananassaft 5 cl
- Cocktailkirsche 1
- Eiswürfel 4
- Grapefruitsaft 6 cl
- Rum, weiß 4 cl
- Schlagsahne 5 cl

ZUBEREITUNG:

1. Gib den Fruchtsaft mit der Sahne und dem Rum sowie 2 Eiswürfel in einen Shaker.
2. Schüttel alles kurz.
3. Gib den Rest der Eiswürfel in ein Longdrink Glas.
4. Gieß den Drink durch ein Sieb dazu.
5. Dekoriere alles mit der Kirsche und einem Schirmchen.

SAILING CITY

ZUTATEN:

- Bacardi, weiß 3 cl
- Cocktailkirsche 2
- Eiswürfel 4
- Ginger Ale 100 ml
- Limettensaft 2 cl
- Mandarinensirup 1 Schuss
- Orangensaft 50 ml
- Orangenscheibe 1
- Southern Comfort 2 cl

ZUBEREITUNG:

1. Gib den Bacardi, Southern Comfort und Limettensaft mit dem Sirup und Eis in einen Shaker und schüttel alles.
2. Gib die restlichen Eiswürfel in ein Longdrink Glas.
3. Füll das Glas mit zuerst mit dem Cocktail, danach mit dem Ginger Ale und Orangensaft auf.
4. Dekoriere alles mit der Orangenscheibe und den Cocktailkirschen.

RÜSCHER

ZUTATEN:

- Cola 2,5 cl
- Rum 3 cl
- Zitronensaft ein wenig

ZUBEREITUNG:

1. Gib den Rum in ein Cognacglas.
2. Gieß das Glas mit der Cola auf und füge einen Spritzer Tomatensaft hinzu.

RUM WONDER

ZUTATEN:

- Eiswürfel
- Ginger Ale 1 Schuss
- Rum, braun 6 cl
- Zitronensaft 2 TL

ZUBEREITUNG:

1. Nimm dir ein Longdrink Glas.
2. Gib 2 Eiswürfel und danach den Rum hinein.
3. Füll das Glas mit Ginger Ale auf.
4. Gib einen Schuss Zitronensaft dazu.
5. Verrühre alles ordentlich.

RUM RUNNER

ZUTATEN:

- Crushed Ice
- Eiswürfel
- Limettensaft 1 cl
- Mangosirup 1 cl
- Maracujasaft 5 cl
- Orangensaft, frisch gepresst 8 cl
- Rum, braun 6 cl

ZUBEREITUNG:

1. Füll Eiswürfel, den Rum, den Fruchtsaft und den Sirup in den Shaker.
2. Schüttel den Shaker ordentlich.
3. Nimm dir ein Longdrink Glas.
4. Gib das Crushed Ice hinein.
5. Gieß den Drink hinein.

RUM COCKTAIL

ZUTATEN:

- Eiswürfel 2
- Grenadine 1 TL
- Rum, weiß 3,5 cl
- Zitronensaft 1 cl
- Zuckersirup 1½ TL

ZUBEREITUNG:

1. Nimm dir ein Glas und gib die Eiswürfel hinein.
2. Gib den Rest in den Shaker und schüttel alles gut durch.
3. Nimm das Glas und gieß das Ganze hinein.

RED PUNCH

ZUTATEN:

- Erdbeersaft 4 cl
- Grenadine 1 cl
- Guavensaft 1 cl
- Rum, braun 3 cl
- Zitronensaft 2 cl

ZUBEREITUNG:

1. Gib alle Zutaten in einen Shaker.
2. Schüttel alles ordentlich durch.
3. Gieß den Drink in ein Glas.
4. Dekoriere alles mit einem Schirmchen.

RED MOJITO

ZUTATEN:

- Beeren 1 EL
- Crushed Ice
- Erdbeersirup 4 cl
- Limette ½
- Minze 6 Blätter
- Rohrzucker, fein 2 TL
- Rum 6 cl
- Sodawasser 1 Schuss

ZUBEREITUNG:

1. Gib die Minze mit dem Zucker und den Beeren sowie etwas Soda in ein Longdrinkglas.
2. Schneide die Limette in Stücke. Press sie über dem Glas aus. Gib die Stücke danach in das Glas.
3. Zerdrücke alles mit einem Stößel und füll das Glas mit Crushed Ice.
4. Rühr den Rum und den Sirup hinein.
5. Füll alles das Sodawasser dazu und garniere alles mit Erdbeeren.

PLANTERS PUNCH

ZUTATEN:

- Cocktailkirsche 1
- Eiswürfel
- Grenadine 2 cl
- Limettensaft 3 cl
- Orangensaft 5 cl
- Rum, braun 5 cl

ZUBEREITUNG:

1. Gib 5 Eiswürfel in den Shaker.
2. Füll die Grenadine, den Limetten- und den Orangensaft in den Shaker.

3. Gib den Rum hinzu.
4. Schüttel alles für 15 Sekunden.
5. Nimm dir ein Longdrink Glas.
6. Füll frische Eiswürfel hinein.
7. Gieß den Drink durch ein Sieb hinein.
8. Garniere alles mit der Cocktailkirsche, einem Schirmchen und einem Strohhalm.

PINKEY'S PUNCH

ZUTATEN:

- Eiswürfel 3
- Limettensaft 1 cl
- Grenadine 1 cl
- Orangensaft 4 cl
- Orangenspalte 1
- Rum, braun 3 cl
- Rum, weiß 2 cl
- Zucker, braun 1 TL
- Zuckersirup 1 EL

ZUBEREITUNG:

1. Nimm dir ein Longdrink Glas.
2. Befeuchte es mit der Orangenspalte.
3. Tauch es in den braunen Zucker.
4. Gib die Eiswürfel hinein.
5. Füge nacheinander den weißen Rum, den braunen Rum, den Limettensaft, den Orangensaft, die Grenadine und den Zuckersirup hinzu.
6. Rühre alles um.
7. Dekoriere es mit der Orangenspalte

PINK ELEPHANT

ZUTATEN:

- Bananensirup 2cl
- Eiswürfel
- Rum, braun 4 cl
- Grapefruitsaft 6 cl
- Grenadin 2 cl
- Maracujasaft 2 cl
- Orangensaft 2 cl
- Zitronensaft 1,5 cl

ZUBEREITUNG:

1. Gib 5 Eiswürfel in den Shaker.
2. Füll die restlichen Zutaten hinein.
3. Schüttel alles kräftig durch.
4. Seihe alles in ein Glas ab.
5. Garniere alles mit einer Zitronenschale.

PINA COLADA

ZUTATEN:

- Ananassaft 8 cl
- Ananasscheibe 2
- Cream of Coconut 4 cl
- Eiswürfel
- Schlagsahne 2 cl
- Rum 6 cl
- Zitronensaft 2 cl

ZUBEREITUNG:

1. Schneide eine Ananasscheibe in Würfel und gib sie in den Mixer.
2. Gib die restlichen Zutaten, mit Ausnahme der Eiswürfel und der anderen Ananasscheibe, dazu.

3. Mixe alles ordentlich durch.
4. Nimm ein Ballonglas und fülle es mit Eiswürfel auf.
5. Gieße den Drink durch ein Sieb hinein.
6. Garniere alles mit der anderen Ananasscheibe.

PIKAKI

ZUTATEN:

- ♦ Orangensaft 3 cl
- ♦ Cocktailkirsche 1
- ♦ Rum, braun 4 cl
- ♦ Zitronensaft 2 cl
- ♦ Eiswürfel 6
- ♦ Grenadine 1 cl

ZUBEREITUNG:

1. Gib alle Zutaten mit der Hälfte der Eiswürfel und ohne die Kirsche in den Shaker.
2. Schüttel alles ordentlich durch.
3. Nimm ein Cocktail Glas zur Hand.
4. Gib den Rest der Eiswürfel hinein.
5. Gieß den Drink durch ein Sieb in das Glas.
6. Garniere das Ganze mit der Kirsche.

ORANGEN-MELONEN-TRAUM

ZUTATEN:

- Melonensaft 100 ml
- Melonenscheiben 1
- Orangensaft 100 ml
- Rum 20 ml

ZUBEREITUNG:

1. Schäle die Zuckermelonenscheibe und schneide sie in vier Teile. Leg eines davon zur Seite und gib den Rest in einen Mixer.
2. Püriere die Scheibe und gib den Orangensaft und den Rum dazu und püriere das Ganze erneut.
3. Gib die Mischung in ein Cocktail Glas und dekoriere es mit dem restlichen Stück Melone.

NOBODY

ZUTATEN:

- Chilischote, getrocknet ½
- Crushed Ice 1 Glas
- Honig 2 TL
- Limettensaft 2 cl
- Rum 5 cl
- Sodawasser
- Zucker, weiß 1 TL

ZUBEREITUNG:

1. Nimm dir ein Highball glas.
2. Gib den Honig und den Zucker in den Limettensaft.
3. Gib die Chilischote dazu.
4. Gieß den Rum hinein.
5. Gib das Crushed Ice dazu und füll das Glas mit Soda auf.

30 REZEPTE RUND UM GIN

SOUTH EXPRESS

ZUTATEN:

- Cocktailkirsche 1
- Eiswürfel 6
- Kirschwasser 5 cl
- Martini 5 cl
- Martini Rosso 5 cl

ZUBEREITUNG:

1. Gib drei Eiswürfel und das Kirschwasser in einen Shaker.
2. Füge den Marini und Marini Rosso hinzu.
3. Schüttel alles durch.
4. Gib frische Eiswürfel in ein Longdrink Glas.
5. Gieß den Drink durch ein Sieb in das Glas.
6. Dekoriere alles mit der Cocktailkirsche.

GIN FIZZ

ZUTATEN:

- Eiswürfel 3
- Gin 20 ml
- Limette 1
- Limettensirup 1 Schuss
- Sodawasser 200 ml

ZUBEREITUNG:

1. Nimm dir ein Highball Glas.
2. Gib die Eiswürfel hinein.
3. Gieß den Gin und den Sirup darüber.
4. Gieß das Ganze mit dem Sodawasser auf.
5. Garniere alles mit einer Limettenscheibe.

SINGAPORE SLING

ZUTATEN:

- Eiswürfel
- Gin 2 cl
- Kirschlikör 2 cl
- Zitronensaft 2 cl
- Zucker ½ TL

ZUBEREITUNG:

1. Hacke die Eiswürfel und gib sie in den Shaker.
2. Füge den Kirschlikör, Gin, Zitronensaft und Zucker dazu.
3. Schüttel alles.
4. Gieße es durch ein Sieb in ein Cocktail Glas.
5. Dekoriere das Glas mit Zitronenschalen-Streifen.

SILVER CAMPARI

ZUTATEN:

- Campari 2 cl
- Eiswürfel 3
- Gin 2 cl
- Sekt 6 cl
- Zitronenschale 1
- Zuckersirup 1 cl

ZUBEREITUNG:

1. Gib den Campari in einen Shaker. Gib den Gin und Sirup sowie das Eis dazu.
2. Schüttel alles kräftig.
3. Gieß den Drink durch ein Sieb in ein Longdrink Glas.
4. Füll das Glas mit dem Sekt auf.
5. Dekoriere das Ganze mit der Zitronenschale.

HAVANA NIGHTS

ZUTATEN:

- Almdudler 8cl
- Blue Curacao 4 cl
- Eiswürfel
- Gin 4 cl
- Limettensaft 16 cl
- Orangensaft 4 cl
- Orangenscheibe 1
- Rum, weiß 4 cl

ZUBEREITUNG:

1. Gib den Almdudler in den Shaker.
2. Füge den Orangensaft, weißen Rum, den Limettensaft und Gin dazu.
3. Gib noch die Eiswürfel hinein und schüttel alles gut durch.
4. Nimm den Blue Curacao und füll ihn in ein Ballonglas.
5. Seihe die Mischung in das Glas ab.
6. Garniere das Ganze mit einer Orangenscheibe du einem Trinkhalm.

WINTER LITSCHI TONIC

ZUTATEN:

- Eiswürfel
- Gin 4 ml
- Litschisaft 4 ml
- Tonic Water 200 ml
- Wacholderbeeren 5
- Zimtsirup 1 Spritzer

ZUBEREITUNG:

1. Gib den Gin, Saft und Sirup in ein Highball Glas.
2. Gib die Eiswürfel dazu.
3. Verrühre das Ganze.
4. Gib den Tonic dazu.
5. Dekoriere s mit den Wacholderbeeren.

WHITE LADY

ZUTATEN:

- Cointreau 2 cl
- Eiswürfel
- Gin 4 cl
- Zitronensaft 2 cl

ZUBEREITUNG:

1. Nimm dir einen Shaker.
2. Gib alle Zutaten hinein.
3. Schüttel das Ganze ordentlich durch.
4. Gieß alles durch ein Sieb in ein Cocktail Glas.
5. Serviere das Ganze mit einem Strohhalm.

TROPICAL ORANGE

ZUTATEN:

- Cocktailkirsche 1
- Eiswürfel 6
- Gin 2 cl
- Grapefruitsaft 4 cl
- Orangenlikör 3 cl
- Orangensaft 6 cl

ZUBEREITUNG:

1. Nimm dir einen Shaker.
2. Gib alle Zutaten hinein.
3. Leg jedoch die Kirsche und die Hälfte der Eiswürfel zur Seite.
4. Schüttel den Shaker ordentlich.
5. Gib die restlichen Eiswürfel in ein Longdrink Glas.
6. Gieß den Drink durch ein Sieb in das Glas.
7. Dekoriere ihn mit der Cocktailkirsche.

TOM COLLINS

ZUTATEN:

- Basilikumblatt 1
- Gin 40 ml
- Sodawasser 150 ml
- Zitronensaft 1 Spritzer
- Zitronenscheibe 1
- Zuckersirup 1 Spritzer

ZUBEREITUNG:

1. Gib den Gin, Sirup und Zitronenspritzer in ein Cocktail Glas.
2. Verrühre das Ganze.
3. Gieß das Glas mit Sodawasser auf.
4. Garniere alles mit der Zitrone und dem Basilikum.

TOM COLLINS VERSION 2

ZUTATEN:

- Eiswürfel 5
- Gin 4 cl
- Sodawasser 1 Schuss
- Zitronensaft 2 cl
- Zitronenscheibe 1
- Zuckersirup 1 cl

ZUBEREITUNG:

1. Nimm dir ein Cocktail Glas.
2. Gib die Eiswürfel hinein.
3. Gib alle Zutaten dazu und rühre das Ganze um.
4. Füll das Glas mit dem Sodawasser auf und dekoriere es mit der Zitronenscheibe

SCHILER GIN

ZUTATEN:

- Gin 2 cl
- Soda 9 cl
- Schilerol 6 cl

ZUBEREITUNG:

1. Gib alle Zutaten in ein Glas und rühre sie um.
2. Füll das Glas mit Soda auf.

PINK GIN

ZUTATEN:

- Gin 5 cl
- Angostura 2 cl

ZUBEREITUNG:

1. Kühle eine Sherry Glas im Gefrierfach vor.
2. Gieß den Angostura hinein und schwenke das Ganze mehrmals.
3. Gieß den Gin dazu und serviere das Ganze eiskalt.

PINK GIN TONIC

ZUTATEN:

- Eiswürfel
- Pink Gin 2 cl
- Tonic Water 100 ml
- Wacholderbeeren 3

ZUBEREITUNG:

1. Gib das Eis mit den Beeren und dem Gin in ein Cocktail Glas.
2. Gieß alles mit Tonic auf und serviere es eiskalt.

PARADISE

ZUTATEN:

- Apricot Brandy 2 cl
- Cocktailkirsche 1
- Eiswürfel
- Gin 4 cl
- Orangensaft 4 cl

ZUBEREITUNG:

1. Gib den Brandy, Gin und Orangesaft in einen Shaker.
2. Füge etwas Eis dazu und schüttel alles kräftig.
3. Gieß das Ganze in ein Cocktail Glas und dekoriere es mit der Kirsche.

ORANGEN-GIN-SEKT

ZUTATEN:

- Eiswürfel 4
- Gin 7 cl
- Orangensaft 3 cl
- Orangenscheibe 1
- Sekt 150 ml

ZUBEREITUNG:

1. Nimm den Shaker und gib den Gin, Saft und das Eis hinein.
2. Schüttel alles ordentlich und gieß es durch ein Sieb in ein Glas.
3. Füll das Glas mit Sekt auf.
4. Garniere das Ganze mit einer halben Scheibe der Orange.

OPTIMIST

ZUTATEN:

- Ananassaft 2 cl
- Ananasscheibe 1
- Creme de Cassis 2 cl
- Cocktailkirsche 1
- Eiswürfel
- Gin 3 cl
- Maracujasaft 2 cl
- Orangensaft 1 Schuss
- Orangenscheibe ½

ZUBEREITUNG:

1. Gib das Eis mit dem Saft, Sirup und Gin in einen Shaker und schüttel alles durch.
2. Nimm dir ein Cocktail Glas.
3. Gib mehr Eiswürfel hinein und gieß den Drink hinein.
4. Füll das Glas mit dem Orangensaft auf und lass die Creme de Cassis hineinlaufen.
5. Garniere das Ganze mit einem Stück Orange am Glasrand.

NEGRONI COCKTAIL

ZUTATEN:

- Campari 3 cl
- Eiswürfel
- London Dry Gin 3 cl
- Orangenschale
- Vermouth Sweet 3 cl

ZUBEREITUNG:

1. Füll ein Tumbler Glas mit Eiswürfel.
2. Gib zuerst den Gin hinein.

3. Füll danach den Campari hinein.
4. Am Ende folgt der Wermut.
5. Gib noch mehr Eis dazu.
6. Dekoriere das Ganze mit Orangenschale.

MARTINI DRY

ZUTATEN:

- Eiswürfel 3
- Gin 4 cl
- Olive, grün 1
- Vermouth Dry 2 cl

ZUBEREITUNG:

1. Gib Gin und Vermouth Dry in einen Shaker.
2. Gib Eiswürfel dazu und shake alles durch.
3. Gib mehr Eiswürfel in ein Glas.
4. Lass den Drink durch ein Sieb in das Glas fließen.

LORD BULL

ZUTATEN:

- Eiswürfel
- Gin 3 cl
- Red Bull 4 cl

ZUBEREITUNG:

1. Gib alles in einen Tumbler und verrühre es.
2. Gib Eiswürfel dazu und serviere es.

LONDON MULE

ZUTATEN:

- Eiswürfel
- Ginger Beer 9 cl
- Limette, Saft ½
- Limettenscheibe 1
- London Dry Gin 6 cl

ZUBEREITUNG:

1. Press die halbe Limette aus und gib den Saft mit den Eiswürfeln in ein Longdrink Glas.
2. Gieß den Gin darüber und verrühre das Ganze.
3. Füll das Glas mit Ginger Beer auf.
4. Gib eine Limettenscheibe als Dekoration dazu.

LONDON FOG

ZUTATEN:

- Absinth 2 cl
- Eiswürfel 5
- Gin 6 cl
- Limettenscheibe 1

ZUBEREITUNG:

1. Gib den Gin mit dem Absinth und Eiswürfeln in ein Rührglas.
2. Vermenge das Ganze.
3. Kühle ein Cocktail Glas vor.
4. Gieß den Drink durch ein Sieb in das Cocktail Glas.
5. Garniere das Ganze mit der Limettenscheibe.

LILETTE VESPER

ZUTATEN:

- Absolut Wodka 2 cl
- Beefeater London Dry Gin 6 cl
- Eiswürfel 5
- Lillet Blanc 1 cl
- Zitronenzesten 2

ZUBEREITUNG:

1. Gib den Lillet Blanc, Wodka und Gin in einen Shaker.
2. Füge die Eiswürfel dazu und schüttel alles ordentlich.
3. Kühle ein Martiniglas vor.
4. Gieß den Drink durch ein Sieb hinein.
5. Gib die Zesten in das Glas.

INCA

ZUTATEN:

- Eiswürfel
- Gin 3 cl
- Mandelsirup 1 Schuss
- Orangen Bitter 2 Spritzer
- Sherry 2 cl
- Vermouth 3 cl
- Zitronenscheiben

ZUBEREITUNG:

1. Gib alle Zutaten, bis auf die Zitronenscheiben, in den Shaker und schüttel alles gut und lange durch.
2. Nimm dir ein Longdrink Glas und fülle es mit Eiswürfel.
3. Gieß den Drink darüber und dekoriere das Glas mit Zitronenscheiben.

HIMBEERE-GIN-MIX

ZUTATEN:

- Gin 4 cl
- Himbeeren 50 g
- Minze 2 Blätter
- Vanillezucker 1 Pck.
- Waldbeersaft 0,3 l
- Zitronensaft 1 Schuss

ZUBEREITUNG:

1. Püriere die Himbeeren und vermische sie mit dem Zitronensaft und dem Vanillezucker.
2. Schüttel beides in einem Shaker ordentlich durch und lass es abkühlen.
3. Gib den Gin und Waldbeersaft dazu und schüttel alles erneut durch.
4. Gieß das Ganze in ein Glas und garniere es mit den Minzblättern und Himbeeren.

GREEN RUSSIAN

ZUTATEN:

- Greme de Menthe, grün 2 cl
- Eiswürfel 5
- Kirschen 2
- Minze 2 Blätter
- Wodka 4 cl

ZUBEREITUNG:

1. Gib alle Zutaten in ein Glas und verrühre sie.
2. Dekoriere das Glas mit der Minze und den Kirschen.

GINSPRITZER

ZUTATEN:

- Eiswürfel 2
- Gin 20 ml
- Salatgurke 1 Scheibe
- Sodawasser 80 ml
- Weißwein, trocken 100 ml

ZUBEREITUNG:

1. Nimm dir ein hohes Stielglas und gib den Gin sowie den Wein hinein.
2. Gieß das Ganze mit Sodawasser auf.
3. Gib die Gurkenscheibe sowie das Eis dazu.

GINNY

ZUTATEN:

- Eiswürfel 3
- Gin 2 cl
- Grenadinesirup 2 cl
- Tonic Water 1 Schuss
- Wermut, rot 2 cl
- Zitronensaft 4 cl

ZUBEREITUNG:

1. Gib alle Zutaten bis auf die Eiswürfel und das Tonic Water in einen Shaker und schüttel das Ganze.
2. Gib die Mischung in ein Longdrink Glas.
3. Gib die Eiswürfel und Tonic dazu.

GIN TONIC

ZUTATEN:

- Eiswürfel 4
- Gin 4 cl
- Limette 1 Scheibe
- Tonic Water ¼ l

ZUBEREITUNG:

1. Gib den Gin in ein Longdrink Glas.
2. Gib die Eiswürfel dazu und füll das Ganze mit Tonic Water auf.
3. Dekoriere alles mit einer Limettenscheibe.

GIN SOUR

ZUTATEN:

- Crushed Ice 3 EL
- Gin 4 cl
- Sodawasser 1 Schuss
- Zitronensaft 3 cl
- Zitronenscheibe 1
- Zuckersirup 2 cl

ZUBEREITUNG:

1. Gib alle Zutaten bis auf das Ice und die Zitronenscheibe in einen Shaker.
2. Schüttel alels gut durch.
3. Gib das Ice in ein Tumbler Glas.
4. Gib die Zitronenscheibe dazu.
5. Gieß den Drink durch ein Sieb hinein.
6. Füll das Glas mit dem Sodawasser auf.

GIN RICKY

ZUTATEN:

- Eiswürfel 6
- Gin 3 cl
- Limettensaft 3 cl
- Sodawasser 8 cl

ZUBEREITUNG:

1. Fülle ein Longdrink Glas mit den Eiswürfeln.
2. Gib den Gin und Limettensaft dazu und verrühre alles gut.
3. Gieß das Ganze mit dem Sodawasser auf.

22 REZEPTE FÜR WHISKEY UND WHISKY COCKTAILS

Whiskey und Whisky, gibt es einen Unterschied oder ist beides das Gleiche? Whiskey ist der amerikanische Bourbon, der aus Mais gemacht wird. Whisky dagegen ist Scotch und Irish Whisky, die aus Kartoffeln gemacht werden.

WHISKY SOUR

ZUTATEN:

- ♦ Scotch Whisky 5 cl
- ♦ Zitronensaft 3 cl
- ♦ Zitronenspalte 1
- ♦ Zuckersirup 2 cl

ZUBEREITUNG:

1. Gib den Whisky mit dem Zitronensaft und dem Sirup sowie einigen Eiswürfeln in einen Shaker.
2. Schüttel das Ganze ordentlich durch.
3. Gieß das Ganze durch ein Sieb in ein Glas und dekoriere es mit einer Zitronenspalte.

WHISKY COLA

ZUTATEN:

- ♦ Cola 250 ml
- ♦ Eiswürfel
- ♦ Whisky 4 cl

ZUBEREITUNG:

1. Gib den Whisky in ein Glas.
2. Füll das Glas mit Cola auf.
3. Gib Eiswürfel dazu.

WHISKEY SOUR

ZUTATEN:

- Cocktailkirsche 1
- Whiskey 5 cl
- Zitronensaft 3 cl
- Zuckersirup 2 cl

ZUBEREITUNG:

1. Gib den Whiskey mit dem Zitronensaft und dem Sirup sowie den Eiswürfeln in einen Shaker.
2. Schüttel alles gut durch.
3. Nimm dir ein Whiskey Glas.
4. Gib Eiswürfel hinein.
5. Gieß den Drink durch ein Sieb in das Glas.
6. Dekoriere das Ganze mit einer Cocktailkirsche.

WHISKEY COLA VANILLA

ZUTATEN:

- Eiswürfel 4
- Vanillecola 150 ml
- Whiskey 40 ml

ZUBEREITUNG:

1. Gib den Whiskey mit den Eiswürfeln in ein Whiskey Glas.
2. Gib die Cola dazu.

TENNESSE

ZUTATEN:

- Cocktailkirsche 1
- Eiswürfel
- Kirschlikör 1 cl
- Whiskey 4 cl
- Zitronensaft 1 cl

ZUBEREITUNG:

1. Nimm dir einen Shaker.
2. Gib alles hinein.
3. Schüttel das Ganze kräftig.
4. Gieß den Drink in ein Glas und garniere ihn mit einer Cocktailkirsche.

ROB ROY

ZUTATEN:

- Angostura 1 Spritzer
- Marini Rosso 2 cl
- Scotch Whisky 3 cl

ZUBEREITUNG:

1. Nimm dir einen Behälter zum Umrühren und gib alle Zutaten hinein
2. Verrühre sie ordentlich.
3. Gieß sie durch ein Sieb in ein Cocktail Glas.
4. Dekoriere das Glas mit der Cocktailkirsche.

RED STILETTO

ZUTATEN:

- Amaretto 1 cl
- Crushed Ice
- Erdbeeren 5
- Limettensaft 2 cl
- Limettenscheibe 1
- Whiskey 3 cl

ZUBEREITUNG:

1. Püriere die Erdbeeren.
2. Gib sie mit dem Limettensaft und Whiskey in einen Shaker.
3. Schüttel alles ordentlich durch.
4. Gib das Crushed Ice in ein Cocktail Glas.
5. Füll den Drink hinein.
6. Garniere das Ganze mit einer Erdbeere.

RED PLANET

ZUTATEN:

- Blutorangenspalte 1
- Eiswürfel 2
- Grenadine 1 cl
- Portwein 2 cl
- Sekt 10 cl
- Whiskey 2 cl

ZUBEREITUNG:

1. Gib alle Zutaten bis auf die Blutorangenspalte in den Shaker.
2. Nimm dir ein Sektglas und füll die Mischung hinein.
3. Dekoriere das Glas mit der Blutorangenspalte.

MANHATTAN

ZUTATEN:

- Angostura 1 Schuss
- Cocktailkirsche 1
- Eiswürfel 4
- Martini Rosso 3 cl
- Whiskey 4

ZUBEREITUNG:

1. Gib alle Zutaten in ein Rührglas und verrühre sie.
2. Gieß sie durch ein Sieb in ein Cocktail Glas.
3. Dekoriere das Glas mit der Kirsche.

MANHATTAN PERFECT

ZUTATEN:

- Cocktailkirsche 1
- Eiswürfel 3
- Vermouth Dry 2 cl
- Vermouth Rosso 2 cl
- Whiskey 4 cl

ZUBEREITUNG:

1. Gib alle Zutaten in ein Rührglas und vermische sie.
2. Gieß den Drink durch ein Sieb in ein Whiskey Glas.
3. Gib frische Eiswürfel dazu.
4. Dekoriere das Ganze mit der Cocktailkirsche.

MANHATTAN MEDIUM

ZUTATEN:

- Eiswürfel
- Kanadischer Whisky 1 cl
- Wermut, rot 1 cl
- Wermut, trocken 1 cl
- Zitronenschale 1 Stück

ZUBEREITUNG:

1. Verrühre alle Zutaten mit dem Eis.
2. Kühle ein Glas vor.
3. Gib alles in vorgekühlte Glas.
4. Gib die Zitronenschale als Dekoration dazu.

LIME DANCER

ZUTATEN:

- Eiswürfel
- Lime Juice 2 cl
- Limettensaft 1 cl
- Melonenlikör 1 cl
- Orangensaft 4 cl
- Whiskey 2 cl

ZUBEREITUNG:

1. Gib den Whiskey in ein Whiskey Glas.
2. Nimm dir einen Shaker.
3. Füll die anderen Zutaten hinein.
4. Schüttel das Ganze ordentlich durch.
5. Gib den Whiskey in ein Whiskey Glas.
6. Gib den Inhalt des Shakers darüber.

LADYS COCKTAIL

ZUTATEN:

- ♦ Ananassaft 3 cl
- ♦ Ananasspalte 1
- ♦ Eiswürfel
- ♦ Erdbeersirup 2 cl
- ♦ Schlagsahne 3 cl
- ♦ Orangenlikör 3 cl
- ♦ Whiskey 3 cl

ZUBEREITUNG:

1. Gib 5 Eiswürfel in den Shaker.
2. Gib den Saft, Sirup, Likör und Whiskey dazu.
3. Füll noch die Sahne darauf und schüttel alles gut durch.
4. Nimm ein Ballonglas.
5. Gieß den Drink durch ein Sieb hinein.
6. Gib eine Ananasspalte als Dekoration auf das Glas.

IT'S BLUE

ZUTATEN:

- ♦ Blue Curacao 3 cl
- ♦ Cocktailkirsche 1
- ♦ Eiswürfel 2
- ♦ Whiskey 3 cl
- ♦ Wodka 3 cl

ZUBEREITUNG:

1. Gib die Eiswürfel in ein Whiskey Glas.
2. Gib den Blue Curacao und Wodka in einen Shaker und schüttel sie.
3. Gib den Whiskey in das Whiskey Glas.
4. Gieß die Wodkamischung darüber.
5. Dekoriere das Ganze mit der Cocktailkirsche.

HORSES NECK

ZUTATEN:

- Angostura 2 Dash
- Bourbon 5 cl
- Eiswürfel
- Ginger Ale 200 ml
- Zitronenschale

ZUBEREITUNG:

1. Gib die Eiswürfel in ein Longdrink Glas.
2. Gib den Bourbon darüber.
3. Füge den Angostura dazu.
4. Füll das Ganze mit Ginger Ale auf.
5. Zur Deko, gib eine Zitronenspirale dazu.

HIGHER

ZUTATEN:

- Eiswürfel 5
- Ginger Ale 12 cl
- Whiskey 6 cl

ZUBEREITUNG:

1. Gib die Eiswürfel in ein Whiskey Glas.
2. Gieß den Whiskey hinein.
3. Füll das Glas mit Ginger Ale auf.

GRAVEDIGGER

ZUTATEN:

- Cider 40 ml
- Eis 1 Kugel
- Ginger Ale 150 ml
- Whisky 20 ml

ZUBEREITUNG:

1. Kühle ein großes Glas für zwei Stunden im Gefrierschrank vor.
2. Gib die Eiskugel hinein.
3. Füge den Whisky dazu.
4. Gieß den Cider hinein.
5. Füll das Glas mit dem Ginger Ale auf.

ESPRESSO AMARETTO COOLER

ZUTATEN:

- Amaretto 3 cl
- Eiswürfel
- Espresso 1 Tasse
- Grapefruitsaft 8 cl
- Orangensaft 4 cl
- Orangenscheibe 1
- Whiskey 1 cl
- Zitronensaft 2 cl

ZUBEREITUNG:

1. Füll den Shaker mit Eis.
2. Gib alle Zutaten dazu.
3. Schüttel alles kräftig.
4. Nimm dir ein Longdrink Glas.
5. Gib frischen Eiswürfeln hinein.
6. Gieß den Drink durch ein Sieb hinein.

7. Dekoriere das Glas mit der Orangenscheibe.
8. Gib einen Strohhalm hinein.

CRANBERRYTINI

ZUTATEN:

- Cranberrysaft 4 cl
- Eiswürfel
- Whiskey 4 cl

ZUBEREITUNG:

1. Gib die Eiswürfel in den Shaker.
2. Gib den Whiskey und Cranberrysaft dazu.
3. Schüttel alles gut durch.
4. Gieß es durch ein Sieb in ein Martiniglas.

COLD IRISCH COFFEE

ZUTATEN:

- Eiswürfel 7
- Kaffee 200 ml
- Sahne 50 ml
- Vanilleeis 1 Kugel
- Whisky 20 ml

ZUBEREITUNG:

1. Fülle die Eiswürfel in ein Glas.
2. Gib den Whiskey darüber.
3. Gieß das Glas mit dem Kaffee auf.
4. Gib die Sahne darauf.
5. Füge das Eis dazu.

CHERRY ON THE ROCKS

ZUTATEN:

- Cherrycola 10 cl
- Cocktailkirsche 1
- Eiswürfel 4
- Whiskey 5 cl

ZUBEREITUNG:

1. Gib die Eiswürfel in ein Whiskey Glas.
2. Gib den Whiskey dazu.
3. Füll das Glas mit der Cola auf.
4. Gib die Kirsche als Dekoration dazu.

BOURBON MINT JULEP

ZUTATEN:

- Bourbon 4 cl
- Crushed Ice 0,2 l
- Minzblätter 7
- Sodawasser 2 cl
- Zitrone 1 Scheibe
- Zucker 4 TL

ZUBEREITUNG:

1. Gib die Minzblätter in ein Tumbler Glas und zerdrücke sie.
2. Gib das Crushed Ice dazu.
3. Füll den Whiskey hinein.
4. Füll das Glas mit Sodawasser auf.
5. Rühre alles um, bis das Glas anfängt, zu beschlagen.
6. Garniere es mit einer Zitronenscheibe.

25 REZEPTE RUND UM TEQUILA

STRAWBERRY MARGARITA

ZUTATEN:

- Cointreau 2 cl
- Eiswürfel
- Erdbeeren 5
- Kristallzucker 1 Prise
- Tequila 4 cl
- Zitronensaft 2 cl
- Zitronenscheibe 1
- Zucker

ZUBEREITUNG:

1. Gib den Cointreau mit dem Zitronensaft und Zuckersirup sowie dem Tequila und den Erdbeeren in einen Mixer. Mixe das Ganze richtig durch.
2. Gib die Mischung in einen Shaker und gib 3 Eiswürfel dazu.
3. Schüttel alles ordentlich durch.
4. Nimm dir eine Cocktail Glas und befeuchte den Rand mit einer Zitronenscheibe.
5. Drück den Rand in den Zucker.
6. Gieß danach den Drink durch ein Sieb in das Glas.
7. Dekoriere es mit der Zitronenschale.

TEQUILA COLADA

ZUTATEN:

- Ananassirup 3 cl
- Ananasstück 1
- Tequila 3 cl
- Kokossirup 3 cl

ZUBEREITUNG:

1. Nimm dir einen Shaker.
2. Gib alle Zutaten hinein.
3. Schüttel alles richtig durch.
4. Gieß den Drink in ein Longdrink Glas.
5. Dekoriere das Glas mit dem Ananasstück.

TEQUILA MARY

ZUTATEN:

- Lemon Juice 1 cl
- Selleriesalz 1 Prise
- Tabasco 1 Schuss
- Tequila 5 cl
- Tomatensaft 10 cl
- Worchestersoße 1 Schuss

ZUBEREITUNG:

1. Gib den Tequila mit dem Tomatensaft und Lemon Juice in einen Shaker.
2. Schüttel das Ganze gut durch.
3. Gib dir restlichen Zutaten dazu.
4. Schüttel alles erneut gut durch.
5. Gieß es durch ein Sieb in ein Longdrink Glas.

TEQUILA SUNRISE

ZUTATEN:

- Crushed Ice
- Grenadine 1 cl
- Eiswürfel
- Orangensaft 1 cl
- Tequila 4 cl
- Zitronensaft 1 cl
- Zitronenscheibe 1

ZUBEREITUNG:

1. Füll den Shaker mit 5 Eiswürfel
2. Gib die Zutaten hinein, heb die Grenadine für später auf.
3. Schüttel das Ganze kräftig und lange.
4. Nimm dir ein Longdrink Glas.
5. Füll es zur Hälfte mit dem Crushed Ice.
6. Gieß den Inhalt des Shakers durch ein Sieb in das Glas.
7. Gib die Grenadine über einen Löffelrücken hinein.
8. Rühre das Ganze nicht um.
9. Lass es stehen, bis der Sirup den Boden erreicht hat.
10. Dekoriere das Glas mit einer Zitronenscheibe und serviere das Ganze mit einem Strohhalm.

MEXICANO

ZUTATEN:

- Crushed Ice
- Eiswürfel 2
- Grenadinensirup 1 Spritzer
- Limettensaft 1 cl
- Mangosaft 4 cl
- Tequila 5 cl
- Zitronensaft 1 cl

ZUBEREITUNG:

1. Gib die Eiswürfel in einen Shaker.
2. Gib den Tequila, Limetten- und Zitronen- sowie den Mangosaft dazu.
3. Schüttel alles ordentlich durch.
4. Bereite ein Cocktail Glas mit Crushed Ice vor.
5. Gieß den Cocktail hinein.
6. Gib den Sirup dazu.

MR. LOVER

ZUTATEN:

- Ananassaft 6 cl
- Ananasstück 1
- Cachaca 2 cl
- Limettensaft 1 cl
- Crushed Ice
- Eiswürfel
- Lime Juice 2 cl
- Tequila 2 cl

ZUBEREITUNG:

1. Füll 5 Eiswürfel in den Shaker.
2. Gib den Anananssaft, Cachaca, Limettensaft, Lime Juice und Tequila hinein.

3. Schüttel alles ordentlich durch.
4. Nimm dir ein Longdrink Glas.
5. Füll es mit Crushed Ice.
6. Gieß den Drink durch ein Barsieb hinein.
7. Gib das Ananasstück als Dekoration auf den Glasrand.

PACIFICO

ZUTATEN:

- Crushed Ice
- Maracujasirup 3 cl
- Orangensaft 3 cl
- Orangenscheibe 1
- Tequila 4 cl
- Zitronensaft 3 cl
- Zucker

ZUBEREITUNG:

1. Gib den Maracujasirup, Orangensaft und Tequila mit Crushed Ice in einen Shaker.
2. Schüttel das Ganze ordentlich.
3. Bereite ein Longdrink Glas vor, indem du den Rand mit der Orangenscheibe anfeuchtest.
4. Steck den Rand in Zucker.
5. Gieß alles aus dem Shaker in das Glas.
6. Dekoriere das Glas mit der Orangenscheibe.

PINK MARGARITA

ZUTATEN:

- Blue Curacao 2 cl
- Crushed Ice
- Erdbeeren 4
- Grenadine 1 cl
- Limette 1 Scheibe
- Limettensaft 1 cl
- Tequila 6 cl

ZUBEREITUNG:

1. Gib die Erdbeeren in einen Mixer.
2. Gib den Blue Curacao, Limettensaft und Grenadine sowie den Tequila dazu.
3. Püriere das Ganze für 20 Sekunden.
4. Bereite ein Tumbler Glas vor, indem du Crushed Ice hineingibst.
5. Gieß den Inhalt des Shakers hinein.
6. Gib eine Erdbeere zur Deko dazu.

SCHOKILA

ZUTATEN:

- Cognac 2 cl
- Kakao 4 cl
- Kakaopulver 1 Dash
- Tequila 4 cl

ZUBEREITUNG:

1. Gib den Cognac mit dem Kakao und Tequila in einen Mixer und mixe alles durch.
2. Gib das Ganze in ein Martiniglas.
3. Streue das Kakaopulver als Dekoration darüber.

MEXICAN SUNSET

ZUTATEN:

- Cointreau 2 cl
- Eiswürfel
- Mandelsirup 1 cl
- Orange 1 Scheibe
- Tequila 2 cl
- Orangensaft 3 cl
- Zitronenscheibe 1
- Zitronensaft 1 cl

ZUBEREITUNG:

1. Gib den Cointreau mit dem Tequila, Mandelsirup, Orangen- und Zitronensaft sowie ein paar Eiswürfel in den Shaker.
2. Schüttel das Ganze ordentlich durch.
3. Gieß alles in ein Tumbler Glas.
4. Garniere das Ganze mit einer Zitronenscheibe.

MARGARITA

ZUTATEN:

- Crushed Ice
- Limette 1 Scheibe
- Limettensaft 2 cl
- Orangenlikör 1 cl
- Salz
- Tequila 3 cl

ZUBEREITUNG:

1. Kühle ein Cocktail Glas im Gefrierschrank vor.
2. Streich die Limettenscheibe über den Rand.
3. Drück den Rand in das Salz.

4. Füll den Shaker mit dem Crushed Ice, Limettensaft, Orangenlikör und Tequila.
5. Schüttel das Ganze ordentlich durch.
6. Gieß es in das Cocktail Glas.

MARGARITA ORANGE

ZUTATEN:

- Cointreau 2 cl
- Eiswürfel 5
- Salz
- Tequila 4 cl
- Zitronensaft 4 cl
- Zitrone 1 Scheibe

ZUBEREITUNG:

1. Gib die Eiswürfel in den Shaker.
2. Füge den Cointreau, Zitronensaft und Tequila dazu.
3. Schüttel alles durch.
4. Bereite ein Cocktail Glas vor.
5. Befeuchte den Rand mit der Zitronenscheibe.
6. Drück den Rand in Salz.
7. Gib die Scheibe auf den Rand.
8. Gieß den Inhalt des Shakers durch ein Sieb in das Glas.

JULIE

ZUTATEN:

- Ananas 1 Stück
- Ananassaft 3 cl
- Eiswürfel
- Tequila 2 cl
- Grenadine 1 cl
- Pisang Ambon 2 cl

ZUBEREITUNG:

1. Nimm dir einen Shaker und füll den Tequila, Pisang Ambon, Annanassaft, Grenadine und Eiswürfel hinein.
2. Schüttel alles gut und füll es durch ein Sieb in ein Aperitif Glas.
3. Garniere das Glas mit dem Ananasstück.

GINGER COCKTAIL

ZUTATEN:

- Ananassaft 4,5 cl
- Eiswürfel
- Ingwerpulver 1 Prise
- Limettensaft 2 cl
- Maracujasirup 1 cl
- Orangensaft 3,5 cl
- Pfirsichsaft 3 cl
- Tequila 4 cl

ZUBEREITUNG:

1. Füll 5 Eiswürfel in den Shaker.
2. Gib den Fruchtsaft und -sirup dazu.
3. Gieß noch den Tequila hinein und würze das Ganze mit dem Ingwerpulver.
4. Schüttel alles gut.
5. Nimm dir ein Longdrink Glas und gib frische Eiswürfel hinein.

6. Gieß den Drink durch ein Sieb hinein.

FROZEN MARGARITA

ZUTATEN:

- Crushed Ice
- Limette 1 Scheibe
- Limettensaft 3 cl
- Orangenlikör 2 cl
- Salz 1 Prise
- Tequila 4 cl

ZUBEREITUNG:

1. Gib Crushed Ice und das Salz mit dem Limettensaft und Orangenlikör sowie dem Tequila in einen Mixer.
2. Mixe alles für 3 Minuten durch.
3. Füll das Ganze in ein Cocktailglas.
4. Garniere es mit der Limettenscheibe.

BLUE MARGARITA

ZUTATEN:

- Blue Curacao 2 cl
- Eiswürfel
- Limette 1 Scheibe
- Limettensaft 2 cl
- Tequila 4 cl

ZUBEREITUNG:

1. Nimm ein Rührglas zur Hand.
2. Gib 3 Eiswürfel hinein.
3. Gib die anderen Zutaten dazu und rühre alles um.
4. Gib ein paar frische Eiswürfel in ein Longdrink Glas.
5. Gieße den Drink durch ein Sieb in das Glas.
6. Gib eine Limettenscheibe als Dekoration auf den Rand.

BLUE MEXICAN

ZUTATEN:

- Blaubeerenmarmelade 2 EL
- Eiswürfel
- Minze 1 Blatt
- Pfeffer 1 Prise
- Salz 1 Prise
- Tequila 2 Spritzer
- Vollmilch ¼ l
- Zucker 1 TL

ZUBEREITUNG:

1. Nimm einen Mixer und füll alles hinein.
2. Gib ein paar Eiswürfel dazu.
3. Mixe das Ganze durch.
4. Gib es in ein Glas.
5. Garniere es mit dem Minzblatt.

BLACK DEATH

ZUTATEN:

- Blue Curacao 2 cl
- Blutorangensaft 8 cl
- Eiswürfel
- Grenadine 2 cl
- Tequila 2 cl
- Zitrone 1 Scheibe
- Zitronensaft 4 cl

ZUBEREITUNG:

1. Gib 2 Eiswürfel in einen Shaker.
2. Gib die anderen Zutaten dazu.
3. Schüttel alles ordentlich durch.
4. Nimm dir ein Longdrink Glas.
5. Gib ein paar Eiswürfel in das Glas.
6. Gieß den Drink durch ein Sieb hinein.
7. Garniere das Ganze mit einer Zitronenscheibe.

AMBASSADOR

ZUTATEN:

- Eiswürfel
- Orangensaft 6 cl
- Orangenspalte 1
- Tequila 4 cl
- Zuckersirup 1 Spritzer

ZUBEREITUNG:

1. Nimm dir ein Tumbler Glas.
2. Füll es mit Eiswürfel.
3. Gib den Orangensaft, Tequila und Sirup hinein.
4. Rühre das Ganze um.
5. Steck eine Orangenspalte als Dekoration auf den Rand des Glases.

ACAPULCO COCKTAIL

ZUTATEN:

- ♦ Ananassaft 2 cl
- ♦ Ananas 1 Spalte
- ♦ Eiswürfel
- ♦ Liquore Strega 2 cl
- ♦ Tequila 2 cl

ZUBEREITUNG:

1. Gib alle Zutaten in den Shaker.
2. Schüttel das Ganze.
3. Füll alles in ein Cocktail Glas.
4. Garniere es mit einer Ananasspalte.

MELON ACAPULCO

ZUTATEN:

- ♦ Eiswürfel
- ♦ Melonenlikör 2 cl
- ♦ Melonensaft 4 cl
- ♦ Tequila 2,5 cl
- ♦ Zitronensaft 2 cl

ZUBEREITUNG:

1. Gib ein paar Eiswürfel in ein Cocktail Glas.
2. Gib den Tequila und Melonensaft sowie Melonenlikör hinzu.
3. Gieß den Zitronensaft hinein.
4. Schüttel alles kurz.
5. Gib Eiswürfel in ein Glas.
6. Gieß den Drink hinein.

MEXICAN SNOWBALL

ZUTATEN:

- Eiswürfel
- Kahlua 2 cl
- Malibu 1 cl
- Schlagsahne 1 cl
- Tequila 2 cl
- Zartbitterschokolade 10 g

ZUBEREITUNG:

1. Gib alle Zutaten und darüber hinaus ein paar Eiswürfel in einen Mixer.
2. Mixe alles gut durch.
3. Gib den Drink durch ein Sieb in ein Cocktail Glas.
4. Raspel die Zartbitterschokolade darüber.

STRAWBERRITA

ZUTATEN:

- Eiswürfel 6
- Erdbeere 1
- Erdbeerlikör 9 cl
- Tequila 5 cl
- Zitronensaft 1 Spritzer
- Zucker 1 TL

ZUBEREITUNG:

1. Wasche die Erdbeere.
2. Nimm dir ein Cocktail Glas.
3. Befeuchte den Rand mit der Erdbeere.
4. Drück den Rand in den Zucker.
5. Gib die anderen Zutaten in den Shaker.
6. Schüttel alles ordentlich durch.
7. Gieße den Drink in das Glas.
8. Gib die Erdbeere auf den Rand zur Dekoration.

TEQUILA COCONUT

ZUTATEN:

- Baileys 2,5 cl
- Cream of Coconut 2 ,5cl
- Eiswürfel
- Sahne 2,5 cl
- Tequila 2 cl

ZUBEREITUNG:

1. Gib alles in einen Shaker.
2. Gib ein paar Eiswürfel dazu.
3. Schüttel alles ordentlich durch.
4. Nimm dir ein Cocktail Glas.
5. Gib frische Eiswürfel in das Glas.
6. Gieße den cremigen Cocktail in das Glas.

TEQUILA LA MANGO

ZUTATEN:

- Crushed Ice 1 EL
- Mango ½
- Minze 1 Blättchen
- Orangensaft 50 ml
- Tequila 5 cl
- Zitronensaft 1 Spritzer

ZUBEREITUNG:

1. Gib alle Zutaten in einen Mixer.
2. Püriere alles.
3. Gib den Drink in ein Cocktail Glas.
4. Dekoriere es mit der Minze.

HAFTUNGSAUSSCHLUSS

Dieses Buch enthält Meinungen und Ideen des Autors / der Autorin und hat die Absicht, Menschen hilfreiches und informatives Wissen zu vermitteln. Die enthaltenen Strategien passen möglicherweise nicht zu jedem Leser, und es gibt keine Garantie dafür, dass sie auch wirklich bei jedem funktionieren. Die Benutzung dieses Buchs und die Umsetzung der darin enthaltenden Informationen erfolgt ausdrücklich auf eigenes Risiko. Haftungsansprüche gegen den Autor für Schäden materieller oder ideeller Art, die durch die Nutzung oder Nichtnutzung der Informationen bzw. durch die Nutzung fehlerhafter und/oder unvollständiger Informationen verursacht wurden, sind ausdrücklich ausgeschlossen. Das Werk, inklusive aller Inhalte, gewährt keine Garantie oder Gewähr für Aktualität, Korrektheit, Vollständigkeit und Qualität der bereitgestellten Informationen. Druckfehler und Fehlinformationen können nicht vollständig ausgeschlossen werden.

Impressum: ZP Digital Mihail Kogalniceanu 66 of.3 MD-2009 Chişinău Moldova, zpdigital@yahoo.com

Printed in Poland
by Amazon Fulfillment
Poland Sp. z o.o., Wrocław

69184554R00066